BEI GRIN MACHT SICH IHR
WISSEN BEZAHLT

- Wir veröffentlichen Ihre Hausarbeit,
  Bachelor- und Masterarbeit

- Ihr eigenes eBook und Buch -
  weltweit in allen wichtigen Shops

- Verdienen Sie an jedem Verkauf

Jetzt bei www.GRIN.com hochladen
und kostenlos publizieren

Bedeutung der Sozialisationsinstanz "Neue Medien" für die Identität Jugendlicher

Jenny Ackermann

Bibliografische Information der Deutschen Nationalbibliothek:

Die Deutsche Nationalbibliothek verzeichnet diese Publikation in der Deutschen Nationalbibliografie; detaillierte bibliografische Daten sind im Internet über http://dnb.d-nb.de abrufbar.

ISBN: 9783346836700
Dieses Buch ist auch als E-Book erhältlich.

Druck und Bindung: Books on Demand GmbH, Norderstedt Germany
Gedruckt auf säurefreiem Papier aus verantwortungsvollen Quellen

Das vorliegende Werk wurde sorgfältig erarbeitet. Dennoch übernehmen Autoren und Verlag für die Richtigkeit von Angaben, Hinweisen, Links und Ratschlägen sowie eventuelle Druckfehler keine Haftung.

Das Buch bei GRIN: https://www.grin.com/document/1337147

Kunsthochschule Kassel
Studiengang Lehramt an Gymnasien Kunst (L3)

Die Erarbeitung jugendlicher Identität durch die Sozialisationsinstanz neuer Medien

Welche Bedeutung haben neue Medien für die Erarbeitung jugendlicher Identität?

Fächer: Kunst, Deutsch (4. FS, 6. FS)

Seminar: Jugendkultur im Kunstunterricht

Semester: Wintersemester 17/18
Abgabedatum: 24.09.2019

Inhaltsverzeichnis

1. Einleitung

„Wer bin ich?", „Wer will ich mal sein?" Das sind Fragen, die Jugendliche in der heutigen Zeit beschäftigen. Obwohl die Ausarbeitung einer Identität ein lebenslanger Prozess ist, stellt dieses Stadium besonders im Jugendalter eine zentrale Entwicklungsaufgabe dar. Damit Heranwachsende Antworten auf ihre Fragen finden, greifen sie immer häufiger auf Medien zu, die ihnen Orientierung bieten, denn Medien lassen ihnen Raum zum Experimentieren und zeigen ihnen Möglichkeiten auf. Im Fernsehen, Internet, in Computerspielen, sogar durch Musik stoßen Heranwachsende auf Menschenbilder, Werte und Lebensgeschichten, welche sie mit ihren eigenen Lebenswelten verbinden. Dies schafft Raum für Identifikationen, die mit Affekten und Phantasien verknüpft sind. Damit sind Medien zu einer Sozialisationsinstanz geworden, welche die Identität mit Kindern und Jugendlichen erarbeitet. Gerade im Hinblick auf die zunehmende Digitalisierung und die hohe gesellschaftliche Relevanz von Medien ist die Identitätsfindung für Jugendliche geprägt von einer großen Vielfalt und Selbstverantwortung.

Um dieses Verhältnis zwischen jugendlicher Identität und Medien als Sozialisationsinstanz soll es in dieser Arbeit gehen. Es wird die Frage nach der Bedeutung der Medien auf die Identitätsentwicklung Jugendlicher untersucht. Da dieses Thema in der Literatur sehr umfangreich auf verschiedene mediale Bereiche konzentriert ist, beschäftigt sich diese Arbeit mit der allgemeinen Funktionsweise der Medien im Hinblick auf jugendliche Identität. Die Arbeit besteht aus drei Teilen. Um die Fragestellung beantworten zu können, werden zunächst die Begriffe „Sozialisation" und „Identität" im Hinblick auf das Jugendalter definiert, um im Anschluss die fünfte Phase der Entwicklungstheorie der Adoleszenz nach Erik Erikson zu erläutern. Daraufhin werden die Themenbereiche Identität und Medien unter der Fragestellung zusammengeführt, welche Bedeutung die Medien bei der Entwicklung der Identität Jugendlicher haben. Es werden sowohl Chancen, Risiken und Funktionen von Medien für Jugendliche erläutert, aber auch werden Beispiele, wie sich Jugendliche anhand von Smartphones und YouTube sozialisieren, hinzugezogen. Im letzten Gliederungspunkt werden kunstpädagogische Bezüge hergestellt, um die Relevanz von Medien in der Schule zu verdeutlichen.

2. Der Sozialisations-und Identitätsbegriff
2.1 Sozialisation

Sozialisation ist ein Begriff der Sozialwissenschaften und bezeichnet im Allgemeinen einen zentralen, lebenslangen Lernprozess der Anpassung und Verinnerlichung gesellschaftlicher Normen.[1] Relevant wurde der Begriff erst in den 1950er Jahren, als sozialisationstheoretische Überlegungen immer häufiger diskutiert wurden.[2] Da eine einheitliche Begriffsbestimmung des Begriffs zu komplex ist, wird der Begriff Sozialisation im Folgenden im Hinblick auf dieses Hausarbeitsthema beschrieben.

Eine mögliche Definition des Begriffs lautet daher: „Sozialisation ist ein Prozess, in dessen Verlauf sich der mit einer biologischen Ausstattung versehene menschliche Organismus zu einer sozial handlungsfähigen Persönlichkeit bildet, die sich über den Lebenslauf hinweg in Auseinandersetzung mit den Lebensbedingungen weiterentwickelt."[3] Mit Persönlichkeit sind in dieser Aussage Charaktereigenschaften, Anlagen, aber auch selbstverantwortliches Handeln eines Individuums gemeint.

Studien von Erik H. Erikson aus den 1950er Jahren verweisen darauf, dass Individuation ein lebenslanger, meist in der Kindheit und Jugend beginnender Prozess ist, der nicht mit dem Antreten eines Berufs endet. Erik Erikson geht in seiner Sozialisationstheorie davon aus, dass „das Individuum [...] von der frühen Kindheit an in einer ständigen Wechselwirkung mit Anderen [steht und] sich lebenslang mit kulturellen Werten und sozialen Regeln, Erwartungen und neuen Möglichkeiten konfrontiert"[4] sieht. Auch in Lebensphasen der Elternschaft, einer Trennung oder eines Todes ordnet das Individuum seinen Platz in der Gesellschaft neu und entwickelt Verhaltensweisen, die als angemessen gelten. Da das Individuum sich im Laufe des Lebens immer wieder mit der Gesellschaft auseinander setzt, entwickelt der Mensch eine Persönlichkeit und entwickelt die Fähigkeit, sowohl eigenständig mit den gesellschaftlichen Konventionen umzugehen, als sie auch anzuwenden. Die gegenseitige Abhängigkeit zwischen dem Individuum und der Gesellschaft ist folglich ausschlaggebend für die Sozialisation.[5]

---

[1] Vgl: Zimmermann, Peter (2003): Sozialisation – Was ist das eigentlich? In: K, Peter: Grundwissen Sozialisation. S. 11-13
[2] Vgl: Ebd. S. 12
[3] Ebd. S. 13.

[4] Abels, König (2016): Sozialisation. Über die Vermittlung von Gesellschaft und Individuum und die Bedingungen von Identität. Wiesbaden. S. 95
[5] Vgl.: ebd. S. 29

Dementsprechend ist von Sozialisation die Rede, wenn sowohl das Individuum als auch die Gesellschaft in ihrem sich wechselseitig beeinflussendem Verhältnis angesprochen sind. Das Zitat von einem französischen Soziologen, Émile Durkheim, beschreibt dieses Wechselverhältnis folgendermaßen:

> Der Mensch, den die Erziehung in uns verwirklichen muss, ist nicht der Mensch, den die Natur gemacht hat, sondern der Mensch, wie ihn die Gesellschaft haben will; und sie will ihn so haben, wie ihn ihre innere Ökonomie braucht. (...) Jede ein wenig bedeutende Veränderung in der Organisation einer Gesellschaft hat als Folge eine gleichwertige Veränderung in der Idee, die sich der Mensch von sich selbst macht. (...) Unser pädagogisches Ideal ist, jetzt wie in der Vergangenheit, bis in die Einzelheiten das Werk der Gesellschaft. (Durkheim 1903: 44f.)

Der Mensch wird zu einem handlungsfähigen Individuum und findet sich in die Gesellschaft ein, indem er sich mit sozialen und materiellen Bedingungen auseinandersetzt. Daraus folgt, dass das Individuum selbst zur Herstellung sozialer Ordnung beiträgt und Produzent seiner sozialen Verhältnisse ist.[6]

Durkheim ist der Auffassung „dass der Mensch von Geburt an lediglich seine Physis mitbringt und in Bezug auf alle späteren Eigenschaften nur unbestimmte, gestaltbare Dispositionen in ihm angelegt sind".[7] Er beschreibt den Menschen im Säuglingsalter als „unbeschrieben Tafel" (ebd.). Aus diesem Grund muss der Mensch vergesellschaftet bzw. erst sozialisiert werden. Der Begriff der Sozialisation kommt also durch eine Ansammlung von Einflüssen und Zusammentreffen, denen der Mensch ausgesetzt ist sowie dem zentralen Einfluss von Familie, Schule und Freundeskreis zustande.

2.2 Identität

Der Begriff *Identität* wird zahlreich in verschiedenen wissenschaftlichen Fachbereichen, wie in der Psychologie, Pädagogik, Soziologie, Literaturwissenschaft und Philosophie thematisiert. Identität lässt sich als Antwort auf die Frage „Wer bin ich?" fassen. Diese Frage nach der eigenen Identität ist von existenzieller Bedeutung. Was macht einen Menschen unverwechselbar zu genau diesem Menschen? Welche Merkmale, Eigenschaften, Gefühle und Handlungen sind das? Aufgrund seiner Komplexität kann der Begriff hier nicht in Gänze

---

[6] Vgl.: Ebd. S. 1.
[7] Zimmermann. S. 12

beleuchtet werden. Aus diesem Grund werden im Folgenden die wichtigsten Inhalte des Begriffs im Hinblick auf das Jugendalter kurz skizziert.

Identität kann als „ein dynamisches Selbstkonzept [verstanden werden, bei dem jedes Individuum] eine zu erreichende Vorstellung vom Ich" [hat][8]. Daraus lässt sich ableiten, dass sich die Identität im Laufe eines Lebens mit dem Finden des eigenen Selbst verändert. Diese Veränderungen beginnen mit der Geburt und enden mit dem Tod.

Obwohl der Identitätsbegriff in jedem Alter relevant ist, stellt die Adoleszenz den wichtigsten Lebensabschnitt dar, wenn es um die Bildung einer eigenen Identität geht, da es in dieser Phase zu den größten Veränderungen kommt. Diese wesentlichen Veränderungen sind verbunden mit Neubewertungen vergangener Orientierungen. Die Übergangsphase zwischen Kindheit und Erwachsenenalter wird als „eine Phase des Zweifels, des Experimentierens, Entwerfens und Revidierens"[9] bezeichnet.

In der heutigen Zeit werden viel mehr Jugendliche als früher mit sozialen Problemen konfrontiert, wie Bildungskonkurrenz und berufliche Zukunftsunsicherheit. Im modernen Zeitalter steht der Mensch – und vor allem Kinder und Jugendliche - vor der Herausforderung, immer mehr neue Anforderungen der Gesellschaft zu erfüllen. Dabei sieht sich das Individuum in einem System, das von ihm erwartet, zu funktionieren und Leistung zu bringen. Diesen Differenzerfahrungen ist er ganz alleine ausgesetzt. Da es in der heutigen Gesellschaft grenzenlose Möglichkeiten gibt, wird der Druck auf die Jugendlichen erhöht und es wird ihnen erschwert, herauszufinden, was die Antwort auf die Frage „Wer bin ich?" ist. Das Individuum ist darum bemüht, sich selbst zu erkennen, sich zu gestalten, an sich zu arbeiten, sich zu formen. Infolge vieler neuer Erfahrungen muss das Konzept der Identität immer wieder aktualisiert und neu gestaltet werden. Dementsprechend ist die Identitätsentfaltung ein Prozess, der immer neue Ziele voraussetzt.

Dieses allgemeine Streben nach einer eigenen Identität deutet auf das menschliche Grundbedürfnis nach Zugehörigkeit und Anerkennung hin. Dadurch kann sich das Individuum selbst in der Gesellschaft verorten, wodurch es zu einer individuellen Sinnbestimmung und der Befriedigung von Bedürfnissen gelangt. [10]

---

[8] Schorb, Bernd (2009): Mediale Identitätsarbeit: Zwischen Realität, Experiment und Provokation. In: Helga Theunert (Hg.), Jugend. Identität. Medien. Identitätsarbeit Jugendlicher mit und in Medien, München,. S. 81
[9] Abels (2017): Identität. S. 226
[10] Vgl.: Keupp, Heiner (2009): Identitätskonstruktionen in der spätmodernen Gesellschaft. In: Helga Theunert (Hg.), Jugend. Identität. Medien. Identitätsarbeit Jugendlicher mit und in Medien, München. S. 54

2.3 Identitätsentwicklung nach Erik H. Erikson

In den 60er-Jahren hat der Psychoanalytiker Erik H. Erikson (1902-1994) die Theorie der Identität bzw. das Phasenmodell der Identitätsentwicklung, welche häufig in der Pädagogik herangezogen wird, aufgestellt. Grundsätzlich handelt es sich um eine Weiterentwicklung Sigmund Freuds Theorie der psychosexuellen Entwicklung. Dabei hat Erikson „eine Abfolge psychosozialer Entwicklungsstufen konzipiert und eine [...] epigenetische Abfolge dieser [...] Phasen erstellt."[11]

Erikson versteht Identität als einen lebenslangen Prozess und benennt dabei acht Krisen, die es zu bewältigen gilt. Diese acht Entwicklungsphasen durchlaufe jeder Mensch in seinem Leben, da sie vom Säuglingsalter bis hin ins hohe Erwachsenenalter andauern. Allerdings ist der Krisenbegriff nicht negativ aufzufassen, da er einen notwendigen Wendepunkt meint, der konstruktiv gelöst werden muss, um sich weiterentwickeln zu können. Die für diese Hausarbeit relevante Lebensphase des Jugendalters wird in Eriksons Stufenmodell als fünfte Stufe der adoleszenten Entwicklung charakterisiert. Diese Phase nennt Erikson *Identität vs. Identitätsdiffusion*, welche etwa vom zwölften bis sechzehnten Lebensjahr eintritt.

Das Jugendalter bzw. die Adoleszenz steht im Zentrum der Theorie, da der Übergang vom Kind sein zum Erwachsenen ein großes Spektrum an Möglichkeiten bietet und zwangsläufig zur Findung sozialer Rollen führt[12]. Die Adoleszenz gilt als Stadium zahlreicher Veränderungen, z.B. körperlicher Art (Wachstum, Geschlechtsreife) oder sozialer Art (Berufswahl). Die Ich-Identität werde laut Erikson zum ersten Mal im *psychosozialen Moratorium* der Adoleszenz entwickelt und erprobt. Unter dem psychosozialen Moratorium ist ein Aufschub erwachsener Verpflichtungen oder Bindungen, die den Jugendlichen von der Gesellschaft gewährt wird, zu verstehen[13]. Um in der Gesellschaft partizipieren zu können, müssen Jugendliche zunächst einmal Fähigkeiten und Fertigkeiten erlernen, die sie als Erwachsene benötigen. Dadurch, dass Jugendliche zunächst von Regelverpflichtungen und Terminen verschont werden, haben sie Zeit, sich zu entwickeln, um den gesellschaftlichen Erwartungen gerecht zu werden. Sie experimentieren und setzen sich mit modernen Idealen auseinander, um eine Balance zwischen den Anforderungen der Umwelt und eigenen Wünschen und Fähigkeiten zu finden. Sie sehen sich gezwungen, sich zu orientieren und eine sogenannte „Identitätsdiffusion" zu vermeiden.

---

[11]Noack, Juliane: Erik H. Erikson: Identität und Lebenszyklus. In: Jörissen, Benjamin (Hg.), Schlüsselwerke der Identitätsforschung, Wiesbaden. S. 37.

[12] Vgl.: Erikson: Jugend und Krise S. 124f.
[13] Vgl.: Baacke, Dieter (1997): Medienpädagogik, S.62.

7

Diese findet dann statt, wenn der Jugendliche an der Aufgabe der Identitätsfindung scheitert, was nach Erikson zu bleibenden Persönlichkeitsstörungen führe. Dabei kommt es vor allem darauf an, ob vorherige Krisen bzw. frühere Kindheitsphasen erfolgreich gelöst wurden. Erst dann kann erfolgreich eine Identität gebildet werden.

Die menschliche Entwicklung kann also als ein Prozess bezeichnet werden, welcher Krisen durchläuft, mit dem Ziel ein neues Gleichgewicht herzustellen, um immer reifere Stadien zu erreichen. Das Ergebnis dieser fünften Krise bzw. das Gelingen der Sozialisation ist ungewiss, da es sowohl zur „Identitätsdiffusion" als auch zu einer gefestigten Identität führen kann.

3. Einfluss von Medien auf die jugendliche Identität

Medien haben für Jugendliche im Hinblick auf Identitätsarbeit immer mehr an Bedeutung gewonnen. Dieser Prozess der „Medialisierung"[14] charakterisiert die Bedeutung von Medien in der heutigen Gesellschaft.

Im Folgenden werden die aktuellen Mediennutzungsdaten Jugendlicher dargestellt, um zu verdeutlichen, dass die Medien im Alltag Jugendlicher eine dominante Rolle spielen. Dafür werden die Ergebnisse der JIM-Studie (Jugend, Information, Medien) des Medienpädagogischen Forschungsverbandes Südwest (mpfs) aus dem Jahr 2018 herangezogen. Die JIM-Studie dokumentiert jährlich über die Mediennutzung und Geräteausstattung Jugendlicher in Deutschland. Die folgenden Inhalte und Zahlen stammen vollständig aus der JIM-Studie 2018.

In dieser Studienreihe sind 1.200 Jugendliche im Zeitraum vom 29.05.-05.08.2018 im Alter zwischen zwölf und 19 Jahren in ganz Deutschland telefonisch befragt worden.[15] In nahezu allen Familien sind im Jahr 2018 Internetzugang sowie Smartphones, Computer bzw. Laptop verfügbar (98 bis 99 Prozent). Außerdem gehören Fernsehgeräte mit 95 Prozent ebenfalls zur Medienausstattung. Mit 67 Prozent stehen Tablets zur Verfügung und bei 14 Prozent liegt der Anteil an Jugendlichen, die digitale Sprachassistenten, wie Alexa zuhause nutzen können. Das Smartphone dominiert mit 97 Prozent, wenn es um den Gerätebesitz der Jugendlichen selbst geht. Des Weiteren besitzen 71 Prozent einen Computer oder ein Laptop und jeder zweite

---

[14] Vgl.: Theunert, Helga (2009): Identitätsarbeit Jugendlicher: Aufs Engste mit ihrem Medienhandeln vezahnt. In: Helga Theunert (Hg.), Jugend. Identität. Medien. Identitätsarbeit Jugendlicher mit und in Medien, München. S. 10
[15] Vgl: Medienpädagogischer Forschungsverbund Südwest. JIM-Studie 2018. Jugend, Information, Medien. S. 4. URL: https://www.mpfs.de/studien/jim-studie/2018/ Letzter Zugriff: 18.03.2019

Jugendliche einen eigenen Fernseher. Noch höher liegt der Anteil an Jugendlichen, die eine eigene Spielkonsole besitzen (66%).[16] Als Kommunikationsmedium ist WhatsApp am beliebtesten, da sich 95 Prozent der Jugendlichen täglich über diese Kommunikationsplattform austauschen und im Schnitt 36 Nachrichten täglich empfangen. Auf dem zweiten Platz der beliebtesten Apps liegt Instagram mit 67 Prozent, gefolgt von Snapchat (54%). Dabei sind Jugendliche an einem durchschnittlichen Wochentag bis zu 214 Minuten online, wobei im Vorjahr noch 221 Minuten zu verzeichnen waren. Online nutzen die Jugendlichen die Kommunikation mit 35 Prozent Nutzungszeit, dicht gefolgt von Unterhaltung (31%), aber auch Spielen (24%) sowie Informationssuchen (10%). Schließlich nutzen 64 Prozent der Heranwachsenden YouTube täglich und 90 Prozent mindestens mehrfach pro Woche. Innerhalb von YouTube werden aber auch lustige Clips (41%), Comedy-Videos von YouTubern (35%) und Let's-play-Videos (32%) angesehen, in denen es lediglich um digitales Spielen geht. Sport-Videos sowie Videos, in denen YouTuber Dinge über ihren Alltag berichten schauen sich jeweils 24 Prozent der Jugendlichen an.

Diese breit gefächerte Medienausstattung sowie die hohen Nutzungsanteile lassen den Schluss zu, dass die Jugendlichen Medien für sich nutzen, um für sie relevante Themen herauszuarbeiten und zu entwickeln. Beispielsweise zählen die Kommunikation, die Vertiefung von Beziehungen und die Gestaltung des Alltags in der Freizeit zu diesen relevanten Aktivitäten. Dies führt zu einer fortschreitenden Entwicklung der eigenen Persönlichkeit.

In den nachfolgenden Ausführungen wird näher auf den Begriff „Sozialisationsinstanz" im Hinblick auf die Identitätsentwicklung Jugendlicher eingegangen.

Im Allgemeinen meint der Begriff „Sozialisationsinstanz", dass es zu einer bewussten oder auch unbeabsichtigten Einwirkung auf die Persönlichkeitsentwicklung der Jugendlichen kommt. Die Familie, Schule und Peergroups gelten als die klassischen, also primären bzw. sekundären Instanzen, Medien hingegen als tertiäre. Sie gelten in ihrer tertiären Funktion als die „heimlichen Miterzieher"[17] der Jugendlichen und erfüllen in diesem Sinne keine bestimmte Sozialisationsaufgabe. Vielmehr begünstigen sie indirekt Sozialisationseffekte, während Jugendliche sich mit ihnen befassen. So nutzen Jugendliche digitale Medien, damit sie sich in Bezug auf ihre entwicklungsspezifischen Aufgaben orientieren können. [18]

---

[16] Vgl.: Jim-Studie 2018. S. 72

[17] Schulz, Iren: Mediatisierung und der Wandel von Sozialisation. S. 232
[18] Vgl.: ebd. S. 232, 236

„Medien werden dabei als ein untrennbarer Bestandteil der sozialen und gesellschaftlichen Wirklichkeit und der Umgang mit ihnen als Element sozialer Alltags- und Handlungspraxis verstanden."[19] Jugendliche erfahren z.b. durch virtuelle Kommunikation über WhatsApp-Chaträume das Bedürfnis nach sozialer Eingebundenheit. Dabei ist es gleich, an welchem Ort sie sich befinden. Es steht ihnen zu, ihre privaten Angelegenheiten so zu steuern und zu gestalten, wie sie es möchten. Folglich können Jugendliche Privates entweder präsentieren oder sich abgrenzen. Identität basiert also auf vielfältigen Sinnangeboten, die Jugendliche im experimentellen Umgang mit der eigenen Biografie aufnehmen, interpretieren und in eigene, meist fragile, Identitätsentwürfe umwandeln. So ist Identitätsarbeit erst dann erfolgreich, wenn Heranwachsende sich selbst organisieren und selbst tätig werden.

Obwohl gegenwärtig keine Mediensozialisationstheorie vorliegt, gibt es drei konkrete Bereiche, wie sich Sozialisation mit Medien greifen lässt. Diese Bereiche sind sozialtheoretisch und kultursoziologisch geprägt. Erstens erfolgt Sozialisation mit Medien immer in Verbindung mit der Gesellschaft bzw. der sozialen Umwelt. Zweitens steht diese immer in Zusammenhang mit medienbezogenen Handlungsweisen, den daraus resultierenden Vereinbarungen von Inhalten sowie Sinnzuweisungen. Der dritte Aspekt lautet, dass die Sozialisation mit Medien zwar Gefährdungen für das sich entwickelnde Individuum mit sich bringt, jedoch entscheidende Ressourcen beinhaltet. [20]

Für die Identitätsbildung bietet das Internet zwar viele Möglichkeiten, aber es gibt keine Kriterien zur Messung des Erfolges. Aus diesem Grund kann die Identitätsarbeit mit digitalen Medien auch mit Risiken verbunden sein bzw. scheitern. Das Risikopotential von Medien für die Sozialisation ist in empirischen Studien belegt.[21]

Einerseits gibt es kommunikativ orientierte Plattformen wie Facebook, in denen Jugendliche sich mit Gleichaltrigen austauschen können und dadurch soziale Einbettung erfahren. Sie bekommen die Möglichkeit, sich zugehörig zu fühlen, indem sie z.B. Freunden selbstgedrehte Videos schicken und sie dadurch ihre Anerkennung erhalten. Auch erhalten Jugendliche die Chance, mit bestimmten Beziehungen zu experimentieren und Hemmungen zu überwinden. Peer-Groups sind in der Identitätsfindung zentral, denn sie stellen i.d.R. eine Interessensgemeinschaft dar, die durch gemeinsame Interessen ihre Persönlichkeiten in

---

[19] Ebd.
[20] Schulz, Iren: Mediatisierung und der Wandel von Sozialisation. S. 232
[21] Vgl: Wagner, Ulrike: Facetten medialer Identitätsarbeit. Kommunikatives und produktives Medienhandeln in Online- Räumen. In: Theunert, Helga (Hg.), Jugend- Medien- Identität. Identitätsarbeit Jugendlicher mit und in Medien. München 2009, S.120-125.

medialen Räumen präsentieren und sich durch Feedback dazu verhelfen, diese auszubauen. Zudem haben Jugendliche die Möglichkeit, ihre Profilseite nach ihrem Belieben zu designen. Das Ziel dabei ist, attraktiv zu erscheinen, um sich mit anderen zu verbinden. Auf einigen Plattformen sind bereits vorstrukturierte Profile mit Gestaltungsvorlagen vorhanden, die Jugendliche bei der Gestaltung ihrer sozialen Beziehungen verhelfen soll. Andererseits kann dieses Vorhandensein der Vorlagen die Heranwachsenden zu sehr beeinflussen. „Diese Vorstrukturierungen der Plattformen bieten Orientierungspunkte in einer unübersichtlichen Angebotsstruktur."[22] Allerdings geben sie den Jugendlichen Anhaltspunkte, um sich in der Gestaltung zu erproben. Dieses Vorhaben ist dabei fern von elterlichen Vorgaben zu verstehen und gilt somit als ihr eigener Bereich. Auch geben Designvorlagen Jugendlichen Orientierung, da sie Auskunft darüber geben, was gerade modern ist. Das zentrale Ziel der Jugendlichen im Hinblick auf die kommunikativ orientierte Funktion der Medien sind Freiräume, indem sie sich der Führung ihrer Eltern entziehen und nach Selbstbestimmung streben. [23]

Andererseits haben Plattformen auch einen produktiv orientierten Nutzen. Bei der Gestaltung ihres Profils müssen die Jugendlichen sich mit den Fragen auseinandersetzen, was sie gut können, welche Talente und Fähigkeiten sie haben und was sie auszeichnet. Dabei erleben die Jugendlichen den ersten Schritt im Entwicklungsprozess ihrer Identität, nämlich durch „das Bedürfnis, sich selbst als kompetent zu erleben"[24]. Auf Plattformen wie YouTube setzen sie sich in Szene und zeigen stolz, was sie können. Zu diesem Können wird meist auch Feedback durch eine Kommentarfunktion angefordert. Durch diese Feedbackstruktur im Internet erfahren die Jugendlichen Anerkennung und Zugehörigkeit. Sie haben den Wunsch, sich zu beteiligen und zu positionieren. Wenn sich Jugendliche beispielsweise Fernsehsendungen ansehen und sich in ihren Peer-Groups oder mit anderen darüber austauschen und unterhalten, werden sie sich ihrer eigenen Einstellung erst bewusst, was ihrem Leben eine Sinnperspektive verleiht.[25] Daher ist auch hier das Potenzial der Medien zu verzeichnen, da sie die Teilhabe der Jugendlichen verstärkt. Dieses – manchmal auch negative – Feedback kann die Heranwachsenden motivieren und sie dazu antreiben, an sich zu arbeiten und eigene Fähigkeiten zu verbessern oder zu vertiefen. Diese gesteigerte Motivation kann sogar in einen zukünftigen Berufswunsch münden. In diesem Sinne hat die Identitätsarbeit mit Medien das große Potenzial, dass Jugendliche sich freiwillig weiterentwickeln möchten. Allerdings können

---

[22] Wagner, Ulrike: Facetten medialer Identitätsarbeit, S. 116.
[23] Vgl.: Ebd. S. 115-117.
[24] Ebd. S. 118.
[25] Vgl.: Mikos, Lothar: Medien - Identität – Identifikationen. In: Mikos, Hoffmann, Winter (Hg.), Mediennutzung, Identität und Identifikationen. Die Sozialisationsrelevanz der Medien im Selbstfindungsprozess von Jugendlichen. München 2009, S. 9.

bestimmte Vorlagen aus den Medien auch dazu führen, dass Jugendliche realitätsferne Vorstellungen vom „Star sein" erfahren und dadurch manipuliert werden. [26]

Im nachfolgenden Absatz werden die negativen Aspekte von Medien im Hinblick auf Identität beleuchtet. „Den medialen Angeboten hingegen, fehlen Klarheit und Struktur, sie sind widersprüchlich und ungeordnet. Es fehlen ‚Normen, die als Wegweiser' durch das riesige Angebot der Medien hin zur Findung der Identität helfen."[27] Beispielsweise gelten Smartphones in der heutigen Gesellschaft als Statussymbol. Es herrscht ein starker Konsumdruck in der Gesellschaft, was die Gefahr begünstigt, ausgegrenzt zu werden, sobald keine ausreichenden finanziellen Mittel für die neusten Geräte aufgebracht werden können. Meist gelten Smartphones sogar als Zugangsvoraussetzung für die Aufnahme in bestimmte Peergroups. Ein weiteres Risiko ist die Verzerrung des Selbst – und Weltbilds durch die idealisierten Stars und Medienhelden im Internet. Außerdem können auch geringe Kenntnisse über die jeweiligen Geräte die Sozialisation hemmen. „In diesem Zusammenhang verweist der Begriff der ‚Medienkompetenzförderung' darauf, dass nicht nur das Wissen um die Nutzung von digitalen Medien, sondern auch die kritische Reflexion und Mitgestaltung von digitalen Medien zu einer Schlüsselkompetenz der heutigen Zeit gehören."[28]

Nun erfolgt eine Beschreibung der Funktionen digitaler Medien nach Vollbrecht. Bezüglich der Funktionen von Medien sind drei Bereiche nennenswert.

Zum einen haben Medien „‘situative Funktionen', die er als Informationsgewinnung, Unterhaltung, Vertreiben von Langeweile, Stimmungsregulierung und Flucht aus dem Alltag beschreibt."[29] Auch soziale Funktionen, die sich durch die Möglichkeiten der Kommunikation mit der Familie, Freunden und Peergroups ergeben, sind von Bedeutung.

Zum Anderen „spricht er von ‚biografischen, ich- bezogenen Funktionen', die sich auf die Identitätsentwicklung beziehen."[30] Vollbrecht zielt damit auf virtuelle Prüfungen ab, die den Jugendlichen dabei helfen soll, Lösungen für eigene Probleme zu finden, aber auch Vorbilder zu entwickeln. Medienangebote liefern den Jugendlichen im Alltag die Möglichkeit, an sich selbst zu arbeiten. Dies geschieht beispielsweise durch die Entwicklung einer Geschlechteridentität, durch Identifikation oder Probehandlung. Im Hinblick auf die Sexualität

---

[26] Vgl.: Ebd. 117-124
[27] Schorb, Bernd: Mediale Identitätsarbeit. S.86.
[28] Ebd. S. 236
[29] Vollbrecht, Ralf: Aufwachsen in Medienwelten. In: Karsten, Fritz/ Kersting, Stephan/ Vollbrecht, Ralf (Hg.): Mediensozialisation. Pädagogische Perspektiven des Aufwachsens in Medienwelten. Opladen 2003, S.13f.
[30] Ebd.

der Heranwachsenden erhalten sie durch die Anonymität des Internets oder von Filmen und Serien Informationen, „ohne auf kommunikative Hindernisse zu treffen." [31] Medien bieten den Jugendlichen eine dynamische Abwechslung von der gewöhnlichen Routine des Alltags und zeigen ihnen die Möglichkeit nach Veränderungen auf, von bestimmten Lebensentwürfen zu träumen und sich zu fragen wer sie werden könnten. Somit erzählen Medien, z.b. in der Öffentlichkeit stehende Einzelpersonen auf YouTube, Geschichten über Lebensmodelle, die den Nutzern Rollenbilder oder Lebensformen aufzeigen. „Dabei sind insbesondere jene Inhalte (Personen) interessant, die durch ‚eine hohe persönliche Wertschätzung des Interessengegenstandes und eine positive emotionale Befindlichkeit während der Ausübung des Interesses' gekennzeichnet sind."[32] Je mehr Sympathie die Heranwachsenden den medialen Vermittlern entgegenbringen, desto höher ist die Chance zur Identifikation. Jugendliche nehmen diese Geschichten auf und verknüpfen diese mit ihrem eigenen Leben, was zu einer Änderung des Selbstbilds führen kann. Als besonders beliebt und interessant ist die Plattform YouTube, bei der Jugendliche aufgrund der dargebotenen Inhalte ihre eigene Generation vermuten. Angesichts der medialen Angebote erhoffen die Jugendlichen, dass sie dieselben Lebensgefühle und Haltungen antreffen. [33]

Folglich geben die Medien Heranwachsenden Material für einen bestimmten Lebensentwurf, der sie dazu bewegt mit der eigenen Identität zu verhandeln und diese ggf. auszugestalten. Besonders Fernsehformate wie Castingshows haben ein hohes Identifikationspotenzial, da die Jugendlichen sich mit den „normalen" Menschen und ihren Gefühlen identifizieren können und in ihnen eventuell sogar ein Vorbild sehen. So geben sie den Jugendlichen ausreichend Stoff und Möglichkeiten, Identitäten zu verhandeln.

4. Neue Medien im Kunstunterricht

Bereits seit etwa 40 Jahren gehört die Auseinandersetzung mit „alten" und „neuen" Medien zum festen Bestandteil im Kunstunterricht, da die Medien Diversität sowie die Anzahl der kommunizierten Bilder stetig zunimmt. In den 70er-Jahren hat die Einführung der *Visuellen Kommunikation* für eine neue Ausrichtung in der Kunsterziehung gesorgt. Schülerinnen und Schüler wurden damit vertraut gemacht, Medien kritisch zu hinterfragen. Das kritische

---

[31] Mikos, Lothar: Medien - Identität – Identifikationen. S. 10.
[32] Krapp, Andreas. Zitiert in Würfel/Keilhauer 2009. In: S. 97
[33] Vgl.: Theunert, Helga (2009): Identitätsarbeit Jugendlicher. München. S. 11

Medienbewusstsein erlangen die Schüler beispielsweise durch das Analysieren politischer Fotografien oder Werbung. Dadurch wird Manipulationen entgegengewirkt und es trägt zur Meinungsbildung der Jugendlichen bei. Auch das Konzept der *Ästhetischen Forschung* von Helga-Kämpf Jansen, bei dem die Schülerinnen und Schüler massenmediale Bilder aus dem Alltag sammeln, ordnen, dekonstruieren und daraus Collagen erstellen ist heute noch in der Kunsterziehung vertreten. [34]

Zu dieser Zeit stand der *rezeptive Medienkonsum* im Zentrum, während heute zunehmend mehr *produktive Verfahren* gängig sind, z.B. wenn Jugendliche selbst zu Medienproduzenten werden, indem sie eigene Fotos bearbeiten, mit Kommentaren versehen und auf einer medialen Plattform hochladen. Dieser Wandel hin zur produktiven Mediengestaltung sowie der Erweiterung des Fachspektrums ist auch im Kerncurriculum Hessen der Sekundarstufe I – Gymnasium zu verzeichnen:

> Sie nutzen Medien kritisch-reflektiert, gestalterisch und technisch sachgerecht. Sie präsentieren ihre Lern- und Arbeitsergebnisse mediengestützt. Die Lernenden erwerben die Fähigkeit, sich im Bild zu äußern, Erlebtes darzustellen und über ihre Wahrnehmung reflektierend zu sprechen. Schließlich entwickelt sich durch die Auseinandersetzung mit der technischen und medialen Seite der Bilderwelt die Bild- und Medienkompetenz der Kinder und Jugendlichen. (Hessisches Kultusministerium: Kerncurriculum Hessen. Bildungsstandards und Inhaltsfelder Kunst. S. 10)

Somit gilt die Medienkunst als neues Bezugsfeld der Kunstpädagogik. Auch die Gegenwartskunst hat sich durch digitale Gestaltungsformen den neuen Medien zugewandt. So gibt es zahlreiche mediale Installationen und künstlerische Ausdrucksformen, die ausschließlich im Internet funktionieren. Aus diesem Zusammenspiel von Kunst und Medien hat sich außerdem ein neues Genre entwickelt, nämlich die ‚Netzkunst'. [35]

Angesichts der Tatsache, dass die meisten Jugendlichen mit digitalen Medien aufwachsen, prägen diese zunehmend mehr „die ästhetischen Erfahrungs- und Weltzugangsweisen der Schülerinnen und Schüler"[36], was eine Auseinandersetzung dieser Thematik in der Kunstpädagogik notwendig macht, da sich die Perspektive der Kunstpädagogik nach der *Ausbildung und Erweiterung ästhetischer Erfahrungen* ausrichtet. Auch die allseitige persönliche Entwicklung eines jeden Schülers ist das Hauptanliegen im Kunstunterricht. Ist ein Thema für einen Jugendlichen subjektiv bedeutsam, fördert es die Identitätsentwicklung. Die

---

[34] Vgl.: Penzel, Joachim: In der Medienwelt orientieren – Ein integraler Zugang. Online-Beitrag von Integrale Kunstpädagogik. URL: http://www.integrale-kunstpaedagogik.de/assets/ikp_ikp_h5_medienwelt_2015.pdf, [17.09.2019].
[35] Peez, Georg (2012): Einführung in die Kunstpädagogik, S. 102,
[36] Ebd.

Heranwachsenden müssen also in ihrer Faszination für das Technische „gesehen werden" um mit diesen visuellen Mitteln sinnlich-ästhetische Erfahrungen machen zu können und um ihre Persönlichkeit ausbilden zu können.

Doch geht es heute nicht mehr nur um ideologie- und medienkritische Positionen [...], sondern auch um ästhetische Erfahrung mit den Produkten der Medienwelt von Heranwachsenden. Es geht um die Ergründung von Wahrnehmungsformen und Sinnbildungsebene, welche die Populärkultur sowie die Gegenwartskunst bereitstellen und welche in *experimentellen Prozessen* erkundet werden können. (Hoormann, Anne: Didaktische Aufmerksamkeit für Medialität. In: Peez/Kirschenmann. Computer im Kunstunterricht, S. 154.)

Folglich kann und sollte das Thema „Identität" mithilfe von bildnerisch-kreativen und experimentellen Herangehensweisen im Kunstunterricht erarbeitet werden. Um den Zusammenhang zwischen ästhetischer Bildung und der Auseinandersetzung mit der Identität zu verdeutlichen, folgt ein Unterrichtsbeispiel.

In dieser Unterrichtseinheit ist das Thema Selbstportrait und Portraitdarstellung in einer sechsten Klasse angesetzt. Die Beschäftigung mit Porträts bzw. Selbstporträts ist ein entscheidender Schritt im Sozialisationsprozess von Heranwachsenden. Es stellt die Möglichkeit dar, sich selbst ästhetisch zu erfahren oder sich selbst nach eigenem Empfinden zu repräsentieren. Zudem wird durch das Gesicht jedem Menschen eine Identität zugeschrieben und gilt als „Spiegel des Inneren." Die Schüler betrachten zunächst Selbstbildnisse von berühmten Künstlern und machen sich mit den künstlerischen Darstellungsweisen vertraut. Im nächsten Schritt fotografieren sich die Schülerinnen und Schüler selbst mit einer Digitalkamera.

In einer darauffolgenden Stationsarbeit geht es zunehmend mehr um die Frage des eigenen Ichs. Die erste Station beschäftigt sich mit einem Selbstbild, das mithilfe von Schminke und Verkleidung bis zur Unkenntlichkeit verfremdet wird. Durch die Verfremdung des eigenen Ichs mithilfe von digitalen Medien, können die Schülerinnen und Schüler neue Konstruktionen einer wandelbaren Identität erschaffen.

An einer weiteren Station haben die Schüler die Aufgabe, Texte bzw. Botschaften über sich selbst zu verfassen. Diese Texte können auch als Songtexte gesungen und aufgenommen werden.

An der nächsten Station haben die Schüler die Möglichkeit, ihre ausgedruckten Fotos analog zu bearbeiten, z.B. mit Acrylfarben, Scheren und Klebstoff.

Der letzte Bereich ist die Computerstation, bei der die Schüler ihre Fotos über Photoshop gestalten und verändern können. Dabei können sie auch z.b. Gesichtsteile anderer Schüler in das eigene Gesicht einfügen und so einen „neuen Menschen" erschaffen.

Besonders die letzte Station sei nach Auffassung des Lehrers für die zwölfjährigen Schülerinnen und Schüler nicht einfach, da sie „Selbstironie, Toleranz und Flexibilität sowie spielerischen Umgang mit sich selbst [aufbringen müssen], aber auch Einfühlungsvermögen gegenüber anderen, die ihr Gesicht nicht ‚benutzt' sehen wollen."[37] Einige der bearbeiteten Bilder versetzen die Schüler in Ekel, andere lösen Faszination aus.

Im letzten Schritt der Unterrichtseinheit folgt ein Fragebogen, welcher der Reflexion und der Ergebnissicherung dient. Das Endresultat ist, dass die meisten Schüler die grotesken Darstellungsweisen sogar als „cool" empfinden, denn die Beschäftigung mit sich selbst hat in ihnen eine gewisse tolerante Sichtweise eröffnet. Diese Entgrenzung und Distanzierung des eigenen Selbstbildes kann Selbsterkenntnis bewirken. Die Schüler kamen zu der Erkenntnis, dass es nicht um die Selbstbildnisse per se geht, sondern um ein Ausloten von Grenzen des Selbst und dass das Selbst konstruierbar und veränderbar ist. Besonders die Arbeit am Computer empfinden alle Schüler als besonders motivierend und als gutes „Werkzeug", Dinge zu verändern. Sie haben die Möglichkeit auf „Verwandlungsprozesse", in denen sie sich selbst ganz anders sehen, mit anderen Haaren oder anderer Kleidung. Die Tatsache, dass beim digitalen Bearbeiten und Verändern das Resultat noch korrigiert werden kann und keinesfalls als endgültig anzusehen ist, hat die Schüler kreativ werden lassen. Auch die unvoreingenommene Einstellung des Lehrers bezüglich der gestalterischen Möglichkeiten hat den ästhetischen Prozess der Schüler weiter vorangetrieben.[38]

Die Schülerinnen und Schüler haben sich durch die produktiven, künstlerischen Verfahren auf etwas Fremdes eingelassen, wodurch sie ihrer Suche nach einer Identität näher gekommen sind. Sie haben sich durch diese besondere Lernsituation selbst aus einer anderen Perspektive erlebt. Aus diesem Grund ist es die Aufgabe der Kunstpädagoginnen-und Pädagogen, das Spektrum des Faches Kunst und die eigenen Kompetenzen im Umgang mit digitalen Medien stets zu erweitern und an den individuellen Interessen der Schülerinnen und Schüler auszurichten. Die Grundhaltung der Kunstlehrerinnen und Lehrer im Hinblick auf das Digitale sollte aufgeschlossen, experimentell, kritisch-hinterfragend und spielerisch sein. [39]

---

[37] Werner, Judith. „Wer bin ich?" – Selbstporträt und Portraitdarstellung. In: Computer im Kunstunterricht. Johannes Kirschenmann/Georg Peez (Hg.), S. 46.
[38] Ebd. S. 45-48.
[39] Vgl.: Peez, Georg: Einführung in die Kunstpädagogik. S. 105ff.

5. Fazit

Wie diese Arbeit gezeigt hat, nutzen Jugendliche immer häufiger die Sozialisationsinstanz der neuen Medien, um ihre sozialen Beziehungen zu gestalten, sie zu vertiefen oder mit ihnen zu experimentieren. Besonders das Jugendalter ist für die Entwicklung einer Identität relevant, da in dieser Zeit die größten Veränderungen, körperlicher und sozialer Art, auftreten. In den medial geprägten Jugendkulturen entwickeln und präsentieren die Heranwachsenden ihre Identität, indem sie sich Lebensentwürfe durch Idole aussuchen und sich in Peers integrieren, um dort die gleichen medialen Interessen zu teilen und sich darüber auszutauschen. Dadurch erfahren sie Anerkennung und soziale Eingebundenheit. Besonders im Kunstunterricht sind die ganzheitliche Entwicklung der Persönlichkeit sowie die Sammlung ästhetischer Erfahrungen zentral. Auch die Gegenwartskunst, die zunehmend medial geprägt ist, bietet viele Möglichkeiten der Identifikation für Jugendliche. Die hohe Medienbeschäftigung außerhalb der Schule zeigt, dass Medien im Kunstunterricht aufgegriffen werden sollten, um gestaltend auf die Entwicklung der Heranwachsenden Einfluss nehmen zu können. Besonders hinsichtlich der Förderung von Identität bieten neuere Medien viele produktive Verfahren und Möglichkeiten, um Jugendliche in ihrem Selbstfindungsprozess zu unterstützen. Dabei sind Medien im Sinne der Jugendlichen frei von elterlichen Richtlinien, was sie zu einer Experimentierzone macht und ihnen selbstbestimmtes Handeln ermöglicht. Des Weiteren sorgen Medien für eine Weiterentwicklung eigener Fähigkeiten und Fertigkeiten, da sie als die heimlichen Miterzieher der Jugendlichen fungieren. Durch das psychosoziale Moratorium haben die Heranwachsenden Zeit, diese Fähigkeiten zu entwickeln, um Teil der Gesellschaft zu werden. Denn durch verschiedene, medial vermittelte Lebensmodelle haben Heranwachsende die Möglichkeit, Vorbilder zu entdecken und sich mit diesen zu identifizieren. Das kann zur Festigung eigener Einstellungen, oder im Gegenteil zu einer Hinterfragung des Selbstbilds führen. Dementsprechend können medial vermittelte Einstellungen übernommen und diskutiert werden. Sie können sich zu einer sozial handlungsfähigen Persönlichkeit entwickeln und durch Feedback eine eigene Identität konstruieren. Auch können Jugendliche im anonymen Internet Probehandlungen durchlaufen und Lösungen für Probleme aushandeln. Mögliche Risiken sind Manipulation durch falsche Vorstellungen sowie die Tatsache, dass es keine Wegweiser zur Identitätsfindung gibt. Dies kann zu einer Verzerrung des Selbst – und Weltbilds führen. Letztlich geben die Medien Jugendlichen viele Vorlagen für die Identitätsfindung, die aber von den Heranwachsenden selbst gefunden werden müssen.

Literaturverzeichnis

ABELS, KÖNIG: Sozialisation. Über die Vermittlung von Gesellschaft und Individuum und die Bedingungen von Identität. Wiesbaden 2016, S. 1, 29, 95.

ABELS, HEINZ: Identität. Über die Entstehung des Gedankens, dass der Mensch ein Individuum ist, den nicht leicht zu verwirklichenden Anspruch auf Individualität und Kompetenzen, Identität in einer riskanten Moderne zu finden und zu wahren. Wiesbaden 2017, S. 226.

BAACKE, DIETER: Medienpädagogik. Tübingen 1997, S.62.

DURKHEIM, ÉMILE: Erziehung, Moral und Gesellschaft. Vorlesungen an der Sorbonne. Frankfurt am Main 1903, S. 44f.

ERIKSON, ERIK H.: Jugend und Krise: die Psychodynamik im sozialen Wandel. Stuttgart 2003, S. 124f.

KEUPP, HEINER: Identitätskonstruktionen in der spätmodernen Gesellschaft – Riskante Chancen bei prekären Ressourcen. In: Theunert, Helga (Hg.): Jugend. Identität. Medien. Identitätsarbeit Jugendlicher mit und in Medien. München 2009, S. 53-77.

KRAPP, ANDREAS: Zitiert in Würfel/Keilhauer. Die konvergente Medienwelt: Materiallieferant und sozialer Raum für die Identitätsarbeit Jugendlicher. In: Theunert, Helga (Hg.). Jugend- Medien- Identität. Identitätsarbeit Jugendlicher mit und in Medien. München 2009, S. 97.

MIKOS, LOTHAR: Medien - Identität – Identifikationen. In: Mikos, Hoffmann, Winter (Hg.), Mediennutzung, Identität und Identifikationen. Die Sozialisationsrelevanz der Medien im Selbstfindungsprozess von Jugendlichen. München 2009, S. 9.

NOACK, JULIANE: Erik H. Erikson: Identität und Lebenszyklus. In: Jörissen, Benjamin (Hg.), Schlüsselwerke der Identitätsforschung, Wiesbaden. S. 37.

PEEZ, GEORG: Einführung in die Kunstpädagogik. Stuttgart 2012, S. 101-107.

SCHORB, BERND: Mediale Identitätsarbeit. Zwischen Realität, Experiment und Provokation. In: Theunert, Helga (Hg.): Jugend- Medien- Identität. Identitätsarbeit Jugendlicher mit und in Medien. München 2009, S.81-86.

SCHULZ, IREN: Mediatisierung und der Wandel von Sozialisation. In: Andreas Hepp (Hg.). Die Mediatisierung der Alltagswelt. Wiesbaden 2010, S. 232-236.

THEUNERT, HELGA (2009): Identitätsarbeit Jugendlicher: Aufs Engste mit ihrem Medienhandeln verzahnt. In: Theunert, Helga (Hg.): Jugend. Identität. Medien. Identitätsarbeit Jugendlicher mit und in Medien, München 2009, S. 10-11.

VOLLBRECHT, RALF: Aufwachsen in Medienwelten. In: Karsten, Fritz/ Kersting, Stephan/ Vollbrecht, Ralf (Hrsg.): Mediensozialisation. Pädagogische Perspektiven des Aufwachsens in Medienwelten. Wiesbaden 2003, S.13f.

WAGNER, ULRIKE: Facetten medialer Identitätsarbeit. Kommunikatives und produktives Medienhandeln in Online- Räumen. In: Theunert, Helga (Hg.): Jugend- Medien- Identität. Identitätsarbeit Jugendlicher mit und in Medien. München 2009, S.120-125.

WERNER, JUDITH: „Wer bin ich?" – Selbstporträt und Portraitdarstellung. In: Johannes Kirschenmann/Georg Peez (Hg.): Computer im Kunstunterricht. Werkzeuge und Medien, 2004.

ZIMMERMANN, PETER: Sozialisation – Was ist das eigentlich? In: Zimmermann, Peter: Grundwissen Sozialisation. Einführung zur Sozialisation im Kindes- und Jugendalter. Wiesbaden 2003, S. 11-13.

Internetressourcen

Medienpädagogischer Forschungsverbund Südwest (Hg.). JIM-Studie 2018. Jugend, Information, Medien. S. 4. URL: https://www.mpfs.de/studien/jim-studie/2018/, (18.03.2019)

Penzel, Joachim: In der Medienwelt orientieren – Ein integraler Zugang. Online-Beitrag von Integrale Kunstpädagogik. URL: http://www.integrale-kunstpaedagogik.de/assets/ikp_ikp_h5_medienwelt_2015.pdf, [17.09.2019].